clara

Kurze lateinische Texte
Herausgegeben von Hubert Müller

Heft 8

Kaiser, Teufel und Scholaren

Kleine Geschichten aus dem Mittelalter

Bearbeitet von Helmut Schlüter

Mit 13 Abbildungen

Vandenhoeck & Ruprecht

ISBN 3-525-71707-5

© 2002, Vandenhoeck & Ruprecht in Göttingen
Internet: http://www.vandenhoeck-ruprecht.de

Gestaltung: Markus Eidt, Göttingen
Satz und Lithos: Dörlemann Satz, Lemförde
Druck und Bindung: Hubert & Co., Göttingen

Gedruckt auf chlorfrei gebleichtem Papier.

Abbildungsnachweis: S. 4: J. Schweigert, Göttingen – S. 9: Martin Rethmeier, Göttingen –
S. 17: Ch. Wulf, Göttingen – S. 19: Dom-Museum Hildesheim – S. 21: Historisches Museum,
St. Gallen – S. 23: Historisches Museum der Pfalz, Speyer – S. 27: H. Müller, Sasbach –
S. 29: M. Eidt, Göttingen – S. 31: AKG, Berlin – S. 35: J. Schweigert, Göttingen –
S. 37: M. Eidt, Göttingen – S. 39: J. Schweigert, Göttingen – S. 43: M. Eidt, Göttingen.

Inhalt

Abb. 1: diese Abbildung stellt einen Ausschnitt des mittleren Portals der Kirche S. Giovanni in Laterano in Rom dar; dieses Bronzetor war ursprünglich die Tür der Curia Iulia auf dem Forum Romanum. Die Rankenfiguren, die als Türgriffe dienen, stammen aus dem 17. Jahrhundert.

Kaiser, Teufel, Scholaren

– und Heilige sind die Gestalten, die in dieser Sammlung von kleinen Geschichten aus dem Mittelalter eine Rolle spielen.

Das Mittelalter war eine Zeit der mündlichen Kommunikation. Nur eine Minderheit konnte schreiben und lesen; selbst eine Persönlichkeit wie Karl der Große musste sich als »Analphabet« vorlesen oder berichten lassen, wenn er Informationen wünschte.

Auch da, wo es um Unterhaltung und Zeitvertreib ging, stand die mündliche Erzählung im Vordergrund. Kurzgeschichten, Schnurren, Eulenspiegeleien, aber auch die Heiligenlegenden zur frommen Erbauung oder die interessant-heiteren *exempla*, »Einlagen« zur Aufmunterung der Hörer während oder nach einer Predigt, sind Gegenstand vieler Bücher und Sammlungen aus dem Mittelalter. Sie wurden zwar in Latein geschrieben zur Gedächtnisstütze für die Erzählenden, aber im deutschen Sprachbereich in Alt- oder Mittelhochdeutsch an die Hörer weitergegeben.

Kaiser Karl III. zum Beispiel ließ sich bei seinem Besuch 883 im Kloster Sankt Gallen am Kaminfeuer solche Geschichten erzählen. Der berühmte Gelehrte an der dortigen Klosterschule, Notker Balbulus († 912), war trotz seines Sprachfehlers, auf den sein Beiname hinweist, offenbar ein guter Erzähler. Dem Wunsch seines kaiserlichen Herrn diese kleinen lustigen oder erbaulichen Geschichten zusammenzustellen und aufzuschreiben verdanken wir die *Gesta Karoli*, eine Sammlung von Erzählungen, in denen Karl der Große in der Rolle des gerechten, klugen, überlegenen, oft witzigen Herrschers auftritt. Er belohnt Untergebene, ob hoch oder niedrig, wenn sie es verdienen, oder er weist sie zurecht, belehrt, beschämt oder bestraft sie, wenn sie Fehlverhalten zeigen. Nach der historischen Wahrheit hat der gelehrte Notker dabei wohl nicht immer gefragt. Manches wird er seinen Hörern mit Augenzwinkern erzählt haben.

Die *Exempla sermonum* des Jacobus de Vitriaco († 1240) oder die *Legenda aurea* des Jacobus de Voragine (1228–1298) sind trotz ihres frommen und erbaulichen Inhalts manchmal recht unterhaltsam: Der Teufel, in welcher äußeren Gestalt auch immer, sitzt den Bösen oder den Verführbaren im Nacken oder er wird frustriert und »vorgeführt«, wenn er seine Bosheit an den Guten und Frommen auslassen will.

Auch Scholaren, Studenten an den damaligen Universitäten Europas, wussten von ihren Erlebnissen am Studienort und auf den Reisen dorthin viel Spaßiges zu erzählen, das in die Sammlungen solcher Geschichten eingegangen ist.

Das Latein dieser Erzählungen ist im Wesentlichen das »klassische« Latein, das man im Schulbuch kennen lernt. Auch in den mittelalterlichen Klöstern bemühte man sich ein Latein zu schreiben, wie es Kirchenväter wie Augustinus nach Ciceros Vorbild geschrieben hatten. Allerdings tauchen in den Erzählungen gelegentlich Vokabeln und grammatische Besonderheiten auf, die aus der *Vulgata*, der »volkstümlichen« lateinischen Bibel, und aus dem schon früh spürbaren Einfluss der »romanischen« Volkssprachen, z.B. des späteren Italienisch und Französisch, stammen.

1 Ein allzu sportlicher Bischof

Die Einsetzung von Bischöfen hatte sich Karl der Große selber vorbehalten, wobei er manchmal recht eigenwillig in der Auswahl dieser Würdenträger vorging.

Defuncto alio pontifice
quendam iuvenem in locum eius substituit imperator.
Qui cum laetus ad abeundum exiret
et ministri eius
5 iuxta gravitatem episcopalem
caballum eius ad gradus ascensionum adducerent,
indignatus ille,
quod quasi pro infirmo eum habere voluissent,
de plana terra saltu ita super eum ascendit,
10 ut vix se retineret in eo,
ne in ulteriorem partem decideret.

défungī, or, défūnctus sum: sterben
pontifex, ficis: Priester; Bischof
substituere, tuī, tūtum: einsetzen
ad abeundum: zur Heimreise
minister, strī *m.*: Diener
iūxtā + *Akk.*: nahe bei; *hier*: mit Rücksicht auf
gravitās, tātis *f.*: Würde
episcopālis, e: bischöflich
caballus: Pferd
gradūs ascēnsiōnum: Treppenstufen
indīgnārī, or, indīgnātus sum: sich entrüsten, sich ärgern
prō īnfirmō habēre: wie einen Schwächling behandeln
plānus: eben
saltus, ūs *m.*: Sprung
vix *Adv.*: kaum
ulterior pars: die andere Seite
dēcidere: herunterfallen

Quod per cancellos palatii rex prospiciens
cito eum ad se vocari praecepit
et sic illum allocutus est:

cancellī *Pl.*: Fenster(gitter)
palātium: Palast
rēx: *Kaiser Karl ist* rēx Francōrum
prōspicere, iō, spexī, spectum: erblicken
citō *Adv.*: schnell
praecipere, iō, cēpī, ceptum: vorschreiben, befehlen
sīc *Adv.*: so
alloquī, or, allocūtus sum: anreden

15 »Bone vir, celer es et agilis, pernix et praepes.
Utque ipse tu nosti,
multis bellorum turbinibus
undique serenitas imperii nostri turbatur.

agilis, e: beweglich
pernīx: hurtig
praepes: flink
nōstī = nōvistī: du weißt
turbō, turbinis *m.*: Wirbel, Verwirrung
serēnitās, tātis *f.*: Ruhe
turbāre: verwirren, stören

Idcirco opus habeo tali clerico in comitatu meo.

20 Esto igitur interim socius laborum nostrorum,
dum tam celeriter ascendere potes caballum tuum.«

1 Was mag Notker veranlasst haben diese Geschichte in seine Sammlung aufzunehmen?

2 Womit charakterisiert Notker den Bischof, womit den Kaiser? Zitiere lateinisch.

3 Fertige ein Satzschema des zweiten Satzes (Zeile 3–11) an.

Bischöfe im Frankenreich

Diese Geschichte zeigt, dass es aus Karls Sicht keinen Unterschied gab zwischen Ämtern im Dienst der Kirche und Ämtern im Dienst der weltlichen Regierung. Der Kaiser brauchte die *clerici* als schriftkundige Lateiner bei der Verwaltung seines ausgedehnten Reiches. Nach dem Muster der Hofschule in Aachen wurden diese zukünftigen Diener seines Reiches an vielen Klöstern und Bischofssitzen ausgebildet. Adelsfamilien schickten gern ihre jüngeren Söhne, die keinen Anspruch auf Amt und Titel des Vaters hatten, in diese Schulen, damit sie danach im Gefolge der Großen und im Umkreis der Macht Chancen zum Aufstieg hätten. Karl stützte sich in seiner »Regierungsmannschaft« mit Vorliebe auf von ihm herangebildete Bischöfe und Äbte und benutzte sie als Gegengewicht gegen Grafen und Herzöge, die ihm nicht immer gehorchten. Er beschenkte Bistümer und Abteien und stattete sie großzügig mit Land und Leuten aus, damit sie die von ihm geforderten Leistungen auch erbringen konnten. Während die Kleriker im Dienst des Reiches tätig waren, mussten sie jedoch ihre Pflichten als geistliche Oberhäupter der Kirche vernachlässigen.
Erst gegen Ende des 10. Jahrhunderts regte sich in Frankreich und Deutschland in den so genannten »Reformklöstern« (s. Text S. 43) der Widerstand gegen diese »Verweltlichung« der Kirche.

2 Ein Kaiser in zerrissener Hose

Als einmal eine persische Gesandtschaft Karl den Großen in Aachen besuchte, lud er sie ein an einer Jagd auf Wisente und Auerochsen teilzunehmen.

Qui cum ingentia illa viderent animalia,
pavore perculsi in fugam conversi sunt.

> animal, lis *n.*: Lebewesen; Tier
> pavor: Furcht
> perculsus: getroffen, betroffen
> fuga: Flucht
> convertere, vertī, versum: verwandeln; wenden

At non territus Karolus,
ut in equo sedebat acerrimo,
5 appropinquans uni eorum extracta spata
cervicem eius abscidere conabatur.

> acer: *hier*: mutig; stark
> extrahere, trāxī, tractum: (her)ausziehen
> spata: Schwert
> cervīx, īcis *f.*: Nacken
> abscīdere: abschneiden

Sed frustrato ictu
galliculam regis et fasciolam disrumpens
tibiamque illius summo cornu perstringens
10 ferus immanissimus casso vulnere irritatus aufugit.

> frūstrārī: misslingen, danebengehen
> ictus, ūs *m.*: Hieb
> gallicula: Schuh
> fasciola: Wadenbinde, Gamasche
> disrumpere: zerfetzen
> tībia: Bein
> cornū, ūs *n.*: Horn
> perstringere: streifen, ritzen
> ferus: wild; Bestie
> immānis, e: riesig
> cassus: geringfügig
> irrītāre: reizen

Einer seiner Höflinge namens Isambardo, der in Ungnade gefallen und seiner Lehen beraubt worden war, setzte dem Tier nach und tötete es.

Cumque ad obsequium domini
cuncti pene hossas suas vellent extrahere,
ille prohibuit dicens:
»Sic affectus ad Hildigardam venire debeo.«

> ad obsequium: zu Gefallen, zu Diensten
> pēne = paene
> hossa: Hose
> Hildigarda: *die Kaiserin Hildegard*

Nach der Jagd trat Karl in zerrissenen Kleidern vor die Kaiserin und fragte sie:

15 »Quid dignus est,
qui de hoste haec infligente me liberavit?«
Illa respondente »Omni bono«
enarravit imperator cuncta per ordinem.

> quid dīgnus = quā rē dīgnus
> īnflīgere: antun, beibringen
> ēnārrāre: erzählen
> ōrdō, dinis *m.*: Reihenfolge, Ordnung; religiöser Orden

Quae cum audivisset,
20 quod Isambardo imperatorem
de tali adversario vindicasset,
impetravit ei omnia,
quaecumque illi fuerant ablata,
sed et ipsa eidem est munera largita.

adversārius: Gegner; Feind

vindicāre: erretten; befreien
impetrāre + *Dat.*: etw. *für jdn.* erlangen
quodcumque: was auch immer
fuerant ablāta = ablāta erant
largīrī, ior, largītus sum: schenken

Abb. 2: Statue Karls des Großen
vor dem Historischen Museum
in Frankfurt a. Main.

1 Wie charakterisiert Notker Karl den Großen in dieser Erzählung? Zitiere lateinisch.

2 Im Text kommen etliche *participia coniuncta* vor. Übertrage folgendes Schema in dein Heft
und ordne die p.c. (und nur diese!) ein:

temporal/kausal und vorzeitig	temporal/modal und gleichzeitig

3 Ein teurer Gast

Ein Besuch des Kaisers mit großem Gefolge war für den Gastgeber, der alle beherbergen und beköstigen musste, immer anstrengend und mit Unkosten verbunden. Ein Bischofssitz, der an einem Wege lag, den Karl der Große auf seinen häufigen Reisen nicht umgehen konnte, hatte darunter besonders zu leiden.

Cum autem quodam tempore
insperato veniret imperator,
tum episcopus ille conturbatus
more hirundinis huc illuc discurrens
5 et non solum basilicas vel domos
sed et curtes ipsasque plateas verri faciens
valde lassus et indignatus obviam illi iit.

īnspērātō *Adv.*: unerwartet, unangemeldet
episcopus: Bischof
conturbāre: verwirren; aufregen
mōre *Abl.*: nach Art von; wie
hirundō, dinis *f.*: Schwalbe
hūc illūc *Adv.*: hierhin und dorthin
discurrere: herumlaufen
basilica: Kirche
curtis, is *f.*: Hof
platēa: Straße
verrere: fegen
facere + A.c.i.: *hier*: = iubēre
lassus: erschöpft
obviam *Adv.*: entgegen

Quod cum adverteret Karolus,
oculos in diversa iaciens
10 dixit ad episcopum:
»Semper bene ad nostrum introitum
omnia facis emundari.«
Ille conquiniscens
indignatione quantum potuit occultata respondit:
15 »Iustum est, domine, ut,
quocumque vos veneritis,
omnia expurgentur usque ad fundum.«
Tum sapientissimus rex
de aliis alia intellegens
20 dixit ad eum:
»Si evacuare novi, et replere didici:
Habeas fiscum illum tibi proximum
et omnes successores tui usque ad saeculum.«

advertere: bemerken
in dīversa: nach allen Seiten
iacere, iō, iēcī, iactum: werfen; richten
introitus, ūs *m.*: Einzug
ēmundāre: säubern
conquinīscere: sich verneigen
indīgnātiō, iōnis *f.*: Ärger
quantum: so viel (so gut) wie
occultāre: verbergen
quōcumque: wohin auch immer
expūrgāre: »auskehren«
ūsque ad fundum: restlos
sapiēns, sapientis: weise
dē aliīs alia intellegere: *etw.* anders verstehen
ēvacuāre: ausleeren
replēre: wieder auffüllen
fiscus: Königsgut
proximus: der Nächste, angrenzend
successor: Nachfolger
ūsque ad saeculum: für alle Zeiten

1 Welche lateinischen Wörter beschreiben die Einstellung des Bischofs gegenüber dem Kaiser?

2 Die Worte *de aliis alia intellegens* deuten auf ein Missverständnis zwischen Kaiser und Bischof hin. Worin liegt es? Erläutere bei der Deutung die Wörter *emundare, expurgare, evacuare*.

3 Welche deutschen Lehnwörter sind aus *platea* und *fiscus* entstanden? Vergleiche ihre Bedeutung mit der Bedeutung der lateinischen Vokabeln.

4 Trage zu allen PC die Beziehungswörter in eine Tabelle nach folgendem Muster ein; zitiere ferner die abl. abs.

PC	Beziehungswort des PC	abl. abs.

Der Kaiser auf Reisen

Das Frankenreich kannte keine Hauptstadt. Das alte Rom hingegen hatte den Vorteil genossen in der Mitte eines Imperiums zu liegen und über bequeme und vergleichsweise schnelle Seewege zu fast allen Teilen des Reiches zu verfügen. Karls Reich erstreckte sich vom Atlantik im Westen bis an die Elbe und die Donau im Osten und war durchquert von Flüssen, die fast alle in Süd-Nord-Richtung verlaufen. Diesen ungünstigen Umständen begegneten Karl und seine Nachfolger durch den planvollen Aufbau einer »Infrastruktur«, wie wir heute sagen würden. Wenn ihr Reich zentral regiert werden sollte, musste die Zentrale selber auf Reisen gehen, um überall gegenwärtig zu sein. Ihre lateinisch verfassten Gesetze, Befehle, Richtlinien sollten überall gelten, deren Befolgung überall überwacht werden. Königsboten mit großen Befugnissen waren immer unterwegs. Ihr kaiserlicher Herr reiste ebenfalls ständig mit Familie, großem militärischem Gefolge und mit »ziviler« Begleitung von hochrangigen, meist geistlichen Beratern wie den *capellani*, die die Ideen und Befehle des Kaisers in gutes Latein umzusetzen und in Urkunden niederzuschreiben hatten.

Das Reisen war mühsam und erbrachte nur geringe Tagesstrecken; man musste unterwegs oft einkehren. Das geschah entweder auf eigenen königlichen Gutshöfen oder, wenn es ging, auf einer Pfalz (von lat. *palatium*: der Palast), einer größeren festen Anlage, die mit allem Notwendigen ausgestattet war um den Kaiser und seine Begleitung auch einmal längere Zeit, zum Beispiel an hohen kirchlichen Feiertagen, zu beherbergen. Planvoll geförderte Bischofssitze und Klöster ergänzten die Pfalzen.

Karls Lieblingsaufenthaltsort war die Pfalz in Aachen, die zusammen mit dem Dom noch heute den Mittelpunkt der Stadt bildet. In ihr verbrachte er achtzehnmal das Weihnachtsfest. Im Aachener Dom wurde er auch nach seinem Wunsch begraben. In Worms, Köln, Paderborn, Ingelheim und in vielen anderen Orten in Deutschland, aber auch im heutigen Belgien und Frankreich lagen weitere von ihm gegründete und ausgestattete Pfalzen, Bischofssitze und Klöster, in denen der Kaiser »zu Hause« sein konnte. Aus den zahlreichen Urkunden, die er unterwegs ausstellen ließ, haben Geschichtsforscher seine und seiner Nachfolger Reiserouten (*itineraria*) zusammengestellt; so können wir das unruhige und anstrengende Leben der deutschen Kaiser nachvollziehen.

4 Vom Bischof, der ein »Wunder« bewirkte

Ein Bischof namens Recho (*Gen.* Rechonis) machte sich durch Eitelkeit und Hochmut bei seinen Untergebenen so unbeliebt, dass einer von ihnen beschloss ihm einen Streich zu spielen.

Assumpsit duas caniculas in manu sua,
quae agilitate sua
vulpes et ceteras minores bestiolas
sepe facillime caperent.

5 Et dum in via vulpem muribus insidiantem videret,
ex improviso canes illi immisit.

Quae ruentes illam comprehenderunt.

Ipse cursu praepeti consecutus
vulpem vivam et sanam dentibus canum excussit.

assūmere, sūmpsī, sūmptum: nehmen
canis, is *f. oder* canicula: Hund
in manū suā: *hier:* an die Leine
agilitās, tātis *f.*: Beweglichkeit
vulpēs, is *f.*: Fuchs
bēstiola: Kleintier
sēpe = saepe
dum vidēret: *hier* = cum vidēret
mūs, mūris *m.*: Maus
īnsidiārī: nachstellen; auflauern
ex imprōvīsō: plötzlich
immittere, mīsī, missum: loslassen auf
ruere, ruī, rūtum: losrennen, sürzen
comprehendere, hendī, hēnsum: packen
cursus, ūs *m.*: Lauf
praepes, *Gen.*: praepetis: eilig
cōnsequī, or, cōnsecūtus sum: (ver)folgen, einholen
sānus: gesund, unversehrt
dēns, dentis *m.*: Zahn
excutere, excussī: *hier:* entfernen

Dann trat er mit dem Fuchs auf den Armen vor den Bischof und berichtete ihm von seinem Fang:

10 »Domine,
per campum istum cavallicans
et vulpem istam non longe aspiciens
post illam tendere coepi.
Cum tam perniciter aufugeret,
15 ut vix eam videre potuissem,
elevata manu adiuravi eam dicens:
»In nomine domini mei Rechonis sta
et non movearis ultra!«

cavallicāre: reiten
aspicere, iō, spexī, spectum: erblicken
tendere, tetendī, tentum: spannen, *hier:* im Galopp reiten
tam: so
perniciter *Adv.*: hartnäckig, ausdauernd
aufugere: entfliehen
ēlevāre: erheben
adiūrāre: beschwören
ultrā *Adv.*: weiter

12

Et ecce, quasi catenis obligata stetit in loco fixa,
20 donec eam quasi ovum derelictum tollerem.«

catēna: Kette
obligāre: verpflichten, fesseln
fīgere, fīxī, fīxum: festmachen,
festnageln
dōnec: bis dass
ōvum: Ei
dērelictus: liegen gelassen

Tunc ille inani gestione perflatus
dixit coram omnibus:

tunc *Adv.*: dann; da
inānis, e: leer, hohl
gestiō, iōnis *f.*: Prahlerei
perflātus: aufgeblasen
cōram + *Abl.*: angesichts, vor
sānctitās, tātis *f.*: Heiligkeit

»Nunc apparet sanctitas mea,
nunc scio, quis sim, nunc agnosco, quid futurus sim!«

agnōscere, agnōvī, agnitum:
erkennen; anerkennen

1 Gliedere den Text, indem du auf Wechsel des Subjekts und der sprechenden bzw. angesprochenen Person achtest.

2 Erkläre die Reaktion des Bischofs am Ende des Textes.

3 Wodurch macht er sich lächerlich?

4 Welche Einstellung Notkers zu den in seiner Zeit kursierenden Wundergeschichten wird aus dieser Erzählung deutlich?

Indirekte Frage bei Nachzeitigkeit

Agnosco, quid *futurus sim.*   Ich erkenne, was ich sein werde.
Interrogavit eum, quid *facturus esset.*   Er fragte ihn, was er tun werde.

Zur Bezeichnung der Nachzeitigkeit steht in der indirekten Frage:

nach Haupttempus (Präs., Fut.): Part. Fut. mit Konj. Präs. von *esse*
nach Nebentempus (Perf., Impf., Plpf.): Part. Fut. mit Konj. Impf. von *esse*

5 Alarm im Schlafzimmer des Kaisers

Als sich Karl der Große einmal in Regensburg aufhielt, planten einige adlige Verschwörer ihn zu ermorden. Ihr Anführer beriet sich mit seinen Genossen nachts in einer Kirche.

Finito consilio
ille omnia tuta timens iussit explorare,
si quis usquam in angulis
aut subter altaribus fuisset absconditum.

tūtus: sicher
omnia tūta timēns: in Angst, ob alles sicher sei
explōrāre: erforschen, untersuchen
usquam *Adv.*: irgendwo
angulus: Winkel
subter = sub
altāre, is *n.*: Altar
abscondere, didī, ditum: verbergen
fuisset absconditum = absconditum esset
clēricus: Geistlicher
cēlāre: verstecken; verbergen
apprehendere, hendī, hēnsum: ergreifen
iūs iūrandum *n.*: Eid
compellere, pulī, pulsum: zwingen
prōditor: Verräter

5 Et ecce, ut timuerunt,
invenerunt unum clericum
subter altare celatum,
quem apprehendentes
ad ius iurandum compulerunt,
10 ne proditor fieret.

Nachdem er jedoch von den Verschwörern entlassen worden war, suchte der Geistliche noch in der Nacht den Kaiser zu warnen.

Cumque cum maxima difficultate
per septem ostia tandem
ad cubiculum imperatoris penetrasset,
pulsato aditu Karolum
15 ad maximam perduxit admirationem,
quis eo tempore eum praesumeret inquietare.

difficultās, tātis *f.*: Schwierigkeit
ōstium: Tür; Zugang
cubiculum: Schlafzimmer
penetrāre: vordringen;
penetrāsset = penetrāvisset
pulsāre: stoßen; anklopfen
aditus, ūs: Tür, Zugang
perdūcere, dūxī, ductum: veranlassen
praesūmere: wagen, sich erdreisten
inquiētāre: stören

Karl forderte einige Frauen, die gerade die Kaiserin bedienten, auf vor der Tür zu sehen, wer da war.

Quae exeuntes cognoscentesque
personam vilissimam
obseratis ostiis ingenti cachinno
20 se per angulos vestibus ora repressae

persōna: Person
vīlis, e: schäbig; billig
obserāre: verriegeln
cachinnus: Kichern
vestibus ōra repressae: die Kleider vors Gesicht haltend

conabantur abscondere.
Sed sagacissimus imperator a mulieribus exquisivit,
quid haberent.
Responsum accipiens,

25 quia quidam coctio derasus
linea tantum et femoralibus indutus
absque mora se postulavit alloqui,
iussit eum intromittere.

Qui statim corruens ad pedes illius
30 cuncta patefecit.

sagāx, sagācis: klug
mulier, eris *f.*: Frau
exquīrere, quīsīvī: fragen
respōnsum: Antwort
quia: *hier*: dass
coctiō, iōnis *m.*: Lümmel
dērāsus: kahl geschoren
līneā et femorālibus: mit Hemd
und Hose
tantum *Adv.*: nur; so viel
induere, uō, uī, dūtum: bekleiden
absque morā: unverzüglich
alloquī: sprechen
intrōmittere: hereinlassen
corruere, ruī, rutum: stürzen
patefacere, iō, fēcī, factum:
aufdecken

1 Fasse den Ablauf der Geschichte in ihren einzelnen Stationen kurz zusammen. Nenne dabei die lat. Ausdrücke, die jeweils den Kern der Geschichte bezeichnen.

2 Worin liegt die Komik der Geschichte?

3 Warum bezeichnet Notker den Kaiser als *sagacissimus*?

4 Welche syntaktischen Mittel verwendet Notker im Satz Zeile 17–21 *Quae exeuntes … abscondere*? Welchen Eindruck will er damit erzielen?

Karl der Große

Karl war *rex Francorum* von 768 bis 814. Diese für das Mittelalter ungewöhnlich lange Regierungszeit von 46 Jahren, seine robuste Gesundheit und sein unbändiger Machtwille ermöglichten Karl Geschichte in einem Ausmaß zu formen und für die Zukunft zu bestimmen, wie es nur wenige vor oder nach ihm vermochten. Als er 814 starb, waren die germanisch-deutschen Stämme der Franken, Thüringer, Alamannen, Schwaben, Bayern und Sachsen unter seiner Herrschaft vereinigt und blieben vereint bis heute; es gab seit Konstantin zum ersten Mal wieder einen Kaiser im Westen, vom Papst gekrönt. Europa stand seitdem auf eigenen Füßen. Die Art und Weise, wie diese Leistungen zustande kamen, wird von vielen Geschichtsschreibern weniger günstig beurteilt. Selbst wohlwollende Historiker bescheinigen Karl »Härte bis zur Grausamkeit«, die er z.B. im dreißig Jahre dauernden Krieg gegen die noch »heidnischen« Sachsen anwandte: Hinrichtungen von Geiseln, Zwangstaufen und »Umsiedlungen« brachen den Widerstand. Als Widukind, der Herzog der Sachsen, den Kampf aufgab und sich Karl in der Pfalz Attigny zu Füßen warf, nahm Karl ihn jedoch in Gnaden auf und wurde sein Taufpate. Schon bald nach seinem Tode erhielt die Persönlichkeit Karls des Großen in der Geschichtsschreibung geradezu mythische Züge eines großen Herrschers, eines unerreichten Vorbildes für alle späteren Könige und Kaiser.

6 Der Teufel als Maultier

In Italien lebte ein Bischof, dem der Besitz irdischer Dinge mehr bedeutete als ein frommes und seinem Amt gemäßes Leben. Als der Teufel das bemerkte, beschloss er ihm einen Streich zu spielen und fand einen armen Mann, der ihm für eine Belohnung dabei behilflich sein wollte.

Dixit ei hostis callidus:
»Converto me in mulum praestantissimum;
tu vero ascende super me et vade ad curtem
episcopi.

5 Cum autem ille mulum illum coeperit inhiare,
tu protrahe, trahe, differ, abnue, precium exaggera.

Tum necesse est,
ut ille plurima promittat.
Tandem tu infinita pecunia cumulatus
10 mulum illi concede
et aufugiens latibulum require.«

callidus: schlau
mūlus: Maultier
praestāns, ntis: prächtig, hervorragend
vērō *Adv.*: jedoch, aber
super + *Akk.*: über; auf
vādere: gehen, sich begeben
curtis, is *f.*: Hof
episcopus: Bischof
inhiāre + *Akk.*: Interesse zeigen an
(prō)trahere: hinziehen, hinauszögern
abnuere: Nein sagen
precium = pretium: Preis
exaggerāre: steigern
necesse: nötig
īnfīnītus: unermesslich
cumulāre: überhäufen
concēdere, cessī, cessum: überlassen
aufugere: entfliehen
latibulum: Versteck
requīrere, requīsīvī, sītum: (auf)suchen

Und wirklich kaufte der Bischof das Tier zu einem hohen Preis.

Quod cum factum esset,
episcopus usque ad sequentem diem
exspectare non sustinens
15 in ipso fervore meridiano mulum ascendens
per urbem superbiens equitabat,
in campum volitaturus exibat,
ad fluvium refrigerandi gratia properabat.

In cuius favorem omnis aetas sequebatur.

sustinēre, tinuī, tentum: aushalten
fervor: Hitze
merīdiānus: Mittags-
superbīre: stolz sein
volitāre: fliegen, eilen
fluvius: Fluss
refrīgerārī: sich abkühlen
grātiā + *Gen. (nachgestellt)*: wegen, um … willen
favor: Gunst, Beifall;
in favōrem: zu Ehren
aetās, tātis *f.*: Alter

20 Et ecce, antiquus ille Belial
    velut freni non patiens
    in profundum gurgitis sese demergere
    et secum trahere coepit episcopum,
    ita ut vix industria piscatorum,
25 qui prope navigabant, extraheretur.

Belial: *ein Name des Teufels*
velut: gleichsam, als ob
frēnum: Zügel
patī, patior, passus sum: dulden;
leiden
patiēns, entis + *Gen.*: fähig *etw.* zu
erdulden
in profundum gurgitis: in den
Strudel
sēsē = sē
dēmergere: untertauchen
industria: Fleiß, Bemühung
piscātor: Fischer
extrahere: herausziehen

Abb. 3: Grabstein des Bischofs Adelog, gest. 1190.
Kreuzgang der Hohen Domkirche, Hildesheim.

1 Schreibe auf, was der Teufel, was sein Helfer, was der Bischof tut. Lege eine Tabelle nach folgendem Muster an:

Teufel	Helfer	Bischof

2 Welche Rolle spielt der Teufel in dieser Geschichte?

3 Welches Stilmittel verwendet Notker im 2. Satz, Zeile 6 des Textes? Welche Wirkung soll es erzielen?

7 Ein Esel als Held

Der hl. Sualo (lat. Solus) ritt eines Tages auf seinem Esel an einer Schafweide vorbei, als sich das Tier pötzlich seltsam verhielt.

Interim coepit asinus aures erigere,
dein caput in altum extendere,
ad extremum elevata cauda
declivis currere.

5 Tum assessor desiluit seque crucis signo obfirmavit.

Coepit tamen artius tractare,
quid asino esset
vel quid super eo divina bonitas facere voluisset.

Sed elevans oculos crevit lupum.
10 Itaque fixo in terram capite
paulo divinam oravit virtutem
et tunc demum ad fugibundum aiebat:

»In nomine domini mei Iesu Christi, o asine, praecipio tibi,
15 uti concito cursu irruas in eam bestiam.«

At ille ex praecepto magistri sui
intrepidus aggreditur lupum.

Interim
pastoribus e diverso venientibus et clamantibus
20 insolitum et inauditum initum est duellum.

Sed praevaluit asinus
et necatus est lupus aselli calcibus ac dentibus.

asinus: Esel
auris, is *f.*: Ohr
ērigere, ērēxī, ērēctum: aufrichten
dein = deinde *Adv.*: darauf
altus: hoch
extendere: recken
ad extrēmum: schließlich
ēlevāre: erheben
cauda: Schwanz
dēclīvis, e: bergab
assessor: Reiter
dēsilīre, siluī: abspringen
crux, crucis *f.*: Kreuz
sē obfirmāre: sich schützen
artius tractāre: *hier*: scharf nachdenken
dīvīnus: göttlich
bonitās, tātis *f.*: Güte
cernere, crēvī: sehen
lupus: Wolf
paulō *Adv.*: ein wenig
virtūs, tūtis *f.*: *hier*: Kraft
tunc dēmum *Adv.*: dann endlich
fugibundus: fliehend
āiō, āit, āiunt, āiēbat: ich sage *u.s.w.*
utī = ut
concitō cursū: in schnellem Lauf
irruere: sich stürzen auf
praeceptum: Befehl
magister, strī: Magister, Lehrer, Herr
intrepidus: furchtlos
aggredī, ior, aggressus sum: angreifen
pāstor: Hirt
ē dīversō: von allen Seiten
īnsolitus: ungewöhnlich
inaudītus: unerhört
duellum: Zweikampf
praevalēre: siegen
asellus = asinus: Eselchen
calx, calcis *f.*: Huf
ac: und

Tum omnipotentis Dei famulus
pastores illos coepit precibus rogitare,
25 ne hoc alicui hominum
usque ad animae suae exitum dixissent.

omnipotēns, tentis: allmächtig
famulus: Diener
precēs, um *f. Pl.*: Bitten
rogitāre: dringend bitten
exitus, ūs *m.*: Ende; Ausgang
dīxissent = dīcerent

1 Wodurch zeigt sich Sualo als »Heiliger«? Zitiere die Stellen lateinisch.

2 Warum bittet Sualo die Zuschauer über das Geschehen Stillschweigen zu bewahren?

3 Vergleiche Sualos Verhalten mit dem Verhalten des Bischofs in Text 4.

4 Was bedeutet für dich »heilig«? Vergleiche mit dem vorliegenden Text.

Abb. 4: Einzug in Jerusalem (am »Palmsonntag«); Christus reitet auf einem Esel. Ausschnitt aus dem Bandrelief der Bernwardsäule, 11. Jh. Hohe Domkirche, Hildesheim.

8 Notker weiß alles

Als Kaiser Karl III. im Jahr 883 das Kloster Sankt Gallen besuchte, sah ein Kapellan aus seinem Gefolge den berühmten Gelehrten Notker und sagte zu seinen Begleitern:

»Ecce, iste est,
quo neminem aiunt in regno Karoli doctiorem.
Sed ego, si vultis,
illum tam praecellentissime doctum
5 ad irrisionem vobis temptabo et,
quod tantae famae vir omnino nesciat, interrogabo.«
Illis vero, ut hoc faceret, curiose rogantibus
accedunt pariter, salutant eum.

Humilis Notker assurgens, quid petant, quaerit.
10 At ille infelix, quem diximus:
»Scimus«, inquit, »homo doctissime, omnia te nosse.
Quid autem Deus in caelo nunc faciat,
cupimus, si nosti, audire.«
»Scio«, inquit ille, »et optime scio.
15 Nunc enim facit, quod semper fecit,
utique et tibi quam mox facturus est.
Exaltat enim humiles et humiliat superbos.«

Abibat temptator ille et irrisor a suis irrisus.

äiunt: man sagt

praecellēns, ntis: ausgezeichnet
irrīsiō, iōnis *f.*: Gespött
temptāre: versuchen, auf die Probe stellen
cūriōsus: neugierig, eifrig
rogāre: fordern
accēdere, cessī, cessum: herangehen
pariter: *hier:* miteinander
humilis, e: demütig, bescheiden
assurgere: aufstehen

nōsse = nōvisse

nōstī = nōvistī

utique *Adv.*: und zumal
quam mox: recht bald
exaltāre: erhöhen
humiliāre: erniedrigen
superbus: übermütig, stolz
vgl. Matthäus 23,11
temptātor: Versucher
irrīsor: Spötter
irrīsus: verspottet

1 Wie charakterisiert der Autor den Kapellan aus dem Gefolge Karls, wie Notker? Zitiere auch lateinisch.

2 In welches Wortspiel kleidet Notker seine Antwort? Zitiere lateinisch.

3 Erläutere das Wortspiel im letzten Satz. Welche Funktion hat es?

Relativische Verschränkung

Iste est. Neminem eo doctiorem [esse] aiunt. → Iste est, quo neminem doctiorem aiunt.

Im Lateinischen ist es möglich z.B. einen aci mit einem Relativsatz so zu »verschränken«, dass der Kasus des Relativpronomens vom aci bestimmt wird. Die direkte Übersetzung ist im Deutschen meist nicht möglich.

Sankt Gallen

Das Kloster von Sankt Gallen in der Ostschweiz hatte seine große Zeit im 9. und 10. Jahrhundert als Sitz von Gelehrsamkeit und Kunst; seine Äbte waren Reichsfürsten. Ein noch heute in der Klosterbibliothek gezeigter um 820 entworfener Bauplan gibt Hinweise auf den Umfang der damaligen Anlage und auf die Vielseitigkeit der Tätigkeiten und Leistungen in einem mittelalterlichen Kloster.

Im Mittelpunkt der fest ummauerten Anlage steht die Klosterkirche mit dem Kreuzgang, der teilweise überdachten Wandelhalle für die Mönche. Um den Kreuzgang herum reihen sich Gebäude für Küche mit Speisesaal (refectorium), der Aufenthaltsraum, im Winter als einziger Raum geheizt (calefactorium), Badestuben und Toiletten, im oberen Stockwerk der Schlafsaal (dormitorium). Das war der streng von den übrigen Bereichen abgeschlossene gemeinsame Lebensraum der Mönche. Nur der Abt hatte ein eigenes Haus mit einer etwas komfortableren Wohnung.

Den weitaus größten Raum nahmen die Gebäude des klösterlichen Wirtschaftsbetriebes ein; Klöster waren Selbstversorger, eine geschlossene Welt, in der alles Lebensnotwendige hergestellt wurde. Backen, Schlachten, Brauen, Schmieden, Schreinern, Herstellen von Ackergeräten, Fässern oder Geschirr für Pferd und Wagen – alles geschah im Kloster selbst.

Ein Hospital mit Arztwohnung und Kräutergarten nahm Kranke auf. Novizen, zukünftige Mönche, wohnten mit ihrem Novizenmeister im eigenen Haus; in der Schule mit Lehrerwohnung lernten auswärtige Schüler Latein. Gelehrte hatten ihre Schreibstube mit reichhaltiger Bibliothek, Künstler ihre Werkstätten etwa für Buchmalerei.

Abb. 5: Modell der mittelalterlichen Klosteranlage St. Gallen. Historisches Museum, St. Gallen.

9 Ein Kaiser stirbt

Als Kaiser Ludwig der Fromme, Sohn und Nachfolger Karls des Großen, 840 sein Ende nahen fühlte, ließ er sich auf eine Rheininsel bei Ingelheim bringen und legte sich in einer zeltartigen Sommerwohnung zum Sterben nieder.

His peractis praecepit,
ut ligno sanctae crucis pectus suum muniretur et,
quamdiu valebat,
propria manu tam frontem quam pectus
5 eodem signaculo insignabat.

peragere, ēgī, āctum: ausführen; tun
sānctus: heilig
līgnum sānctae crucis: ein Splitter vom hl. Kreuz, *eine Reliquie*
pectus, oris *n.*: Brust
mūnīre, iō, īvī *u.* iī, ītum: befestigen
ut pectus … muniretur: er ließ sich … auf die Brust legen
quamdiū: solange wie
valēre: können; gesund sein
proprius: eigen
frōns, frontis *f.*: Stirn
sīgnāculum: Zeichen
īnsīgnāre: bezeichnen

In crastinum, quae erat dominica,
iussit per officium Drogonis
missarum sollempnia celebrari necnon
per manus eius communionem sacram sibi tradi.

in crāstinum: für den nächsten Tag
dominica: Sonntag
Drogō, Drogōnis: *sein Bruder, Bischof von Metz*
missārum sollempnia celebrāre: die Messe lesen
necnōn: *hier:* = et
commūniō, iōnis *f.*: Kommunion

Nach der Messe am Sonntag ließ sich der Kaiser einen Schluck warmen Getränkes geben und forderte die Anwesenden auf sich ebenfalls durch eine Speise zu stärken.

10 Instante autem migrationis eius articulo
Drogonem accersitabat.

īnstāre: bevorstehen, drängen; bedrängen
migrātiō, iōnis *f.*: Wanderung, *hier:* Sterben
articulus: Augenblick
accersitāre: herbeiholen lassen
reliquus: übrig

Quo cum reliquis sacerdotibus veniente
benedici et,
quae solent
15 in egressu animae fieri, postulavit.
Quibus id agentibus
conversa facie in sinistram partem
indignando quanta virtute potuit,
bis dixit »hutz! hutz!«, quod significat »foras!«.

benedīcere: segnen
solēre: gewohnt sein
ēgressus, ūs *m.*: Fortgang, Verlassen
faciēs, faciēī *f.*: Gesicht
sinistra pars: die linke Seite
indīgnandō: *übersetze:* zornig
virtūs: *hier:* Kraft
bis: zweimal
sīgnificāre: bedeuten
forās *Adv.*: raus!

unde *Adv.*: woher; daher
patet: es ist offenkundig
quia: *hier*: dass
malīgnus spīritus: böser Geist;
Teufel
societās, tātis *f.*: Gesellschaft
morī, morior, mortuus sum:
sterben
ēlevāre: erheben
terminus: Ende
sortīrī, sortior, sortītus sum:
erlangen
requiēs, requiēī *f.*: Ruhe
commigrāre: (heim)wandern

20 Unde patet, quia malignum spiritum vidit,
cuius societatem
neque vivus neque moriens habere voluit.

Tum vero elevatis ad caelum oculis
vitae terminum sortitus ad requiem
25 feliciter, ut credimus, commigravit.

1 Welche Einstellungen und Haltungen prägen den Kaiser? Zitiere lateinisch die Textstellen, die hierüber Auskunft geben.

2 Stelle alle lateinischen Wörter zusammen, die in diesem Text »Sterben« bezeichnen. Welche Grundbedeutung ist den meisten gemeinsam?

3 Welche Rolle in der Erzählung spielt das in Zeile 17–19 geschilderte Verhalten des Kaisers?

4 Was kannst du diesem Text über die Unterschiede zwischen mittelalterlichem und modernem Mensch entnehmen?

Abb. 6: Grabkrone Konrads II., der 1039 in der Krypta des Doms zu Speyer begraben wurde. Historisches Museum der Pfalz, Speyer.

10 Geheimdienst mit Spürnase

Zur Zeit Kaiser Karls des Großen hatten die islamischen Sarazenen fast ganz Spanien besetzt. Der Ebro war die immer wieder umkämpfte Grenze zum Frankenreich. Eine fränkische Abteilung hatte einmal den Auftrag bekommen heimlich den Ebro zu überqueren und die am anderen Ufer postierten Sarazenen von hinten anzugreifen. – Sie rückten bis nach Barcelona vor.

Ibi habito inter se consilio,
qualiter hostibus
clandestina possent supervenire irruptione,
invenerunt hunc modum:

5 scilicet ut naves transvectorias fabricantes
unamquamque earum
in quaternas partirentur partes,
quatenus pars quaterna cuiusque
duobus equis vehi posset
10 et naves
praeparatis clavis et marculis
facile coaptari valerent.

qualiter: wie
clandestinus: geheim
supervenire + *Dat.*: jdn. überraschen
irruptio, ionis *f.*: Überfall
scilicet *Adv.*: nämlich
navis transvectoria: Transportschiff, Fähre
fabricare: bauen
unusquisque: jeder Einzelne
quaternus: je vier; ein Viertel
partiri, ior, partitus sum: teilen, zerlegen
quatenus: sodass
cuiusque: eines jeden *Bootes*
vehi, vehor, vectus sum: transportiert werden; fahren
praeparatus: vorbereitet
clavus: Nagel
marculus: Hammer
coaptare: zusammenfügen
valere: *hier* = posse

Nach drei Tagen kam die zu dieser Operation bestimmte Abteilung, mit ihren Schiffsteilen nur nachts marschierend, unentdeckt am Ufer des Ebro an.

Quarto die
ipsi quidem compactis navibus transpositi sunt,
15 equos autem natatui commiserunt.

quartus: der Vierte
compactus: zusammengefügt
transpositi sunt: sie setzten über
natatui committere: schwimmen lassen

Quod factum magnum habuisset effectum,
nisi fuisset acerrime deprehensum.

Nam Maurus quidam
lavandi gratia flumen ingressus
20 fimum a flumine vidit ferri.

factum: Tat; Tatsache
effectus, us *m.*: Wirkung, Erfolg
deprehendere, hendi, hensum: entdecken, ertappen
Maurus: Maure, Sarazene
lavari, or, lautus sum: baden
ingredi, ior, gressus sum: hineingehen
fimum: Mist

24

Quo viso adnatans
fimumque comprehendens et naribus admovens
exclamavit:
»Cernite, o socii! Nam hoc fimum nec onagri est
25 vel cuiuscumque animantis
herbidis assueti pastibus.

Enimvero equina haec esse constat egesta,
quae certum est hordeum fuisse, equorum pabula.
Vigilate,
30 nam in superioribus fluminis huius
nobis parantur insidiae!«

adnatāre: heranschwimmen
nārēs, ium *f. Pl.*: die Nase
admovēre: heranbewegen
nec ... vel: weder ... noch
onager, grī *m.*: Wildesel
cuiuscumque animantis:
irgendeines Lebewesens
herbidus pāstus, ūs *m.*: Grünfutter
assuētus + *Abl.*: an etw. gewöhnt
enimvērō *Adv.*: vielmehr
equīnus: Pferde-, vom Pferd
ēgesta, ōrum *n. Pl.*: Kot
hordeum: Gerste
pābulum: Futter
in superiōribus flūminis:
flussaufwärts

1 Welche Mittel wenden die Franken bei ihrer Operation an? Beschreibe den Ablauf ihres Vorgehens und zitiere die wichtigsten Begriffe lateinisch.

2 Wodurch wird die Operation »ruchbar«? Erläutere den Gedankengang des Sarazenen.

Christen und Mohammedaner

Als der Araber Mohammed 622 eine neue Religion gründete und später die Stämme auf der Arabischen Halbinsel unter seiner Herrschaft vereinigte, begann der Aufstieg einer neuen Weltreligion. Mohammed sah sich selber als der dritte und letzte Prophet nach Moses und Christus. Der Glaube an nur einen allmächtigen Gott, der das Schicksal eines jeden Menschen vorherbestimmt, die Lehren des Koran, die auch Anweisungen für das Alltagsleben des Menschen geben, und die Verheißungen eines glücklichen Weiterlebens der Frommen im Paradies führten dem Islam (etwa »Ergebung in den Willen Gottes«) immer neue Anhänger zu. Das Paradies wurde vor allem den Kriegern verheißen, die im »heiligen Krieg« für die gewaltsame Ausbreitung der Religion fielen. Innerhalb eines Jahrhunderts waren Vorderasien, Nordafrika und Spanien von den Heeren des Islam erobert. Das Frankenreich und das oströmische Kaiserreich verhinderten das weitere Vordringen nach Europa.
Die Tatsache jedoch, dass Jerusalem und die heiligen Stätten, an denen Jesus gelebt und gelitten hatte, in der Hand Andersgläubiger waren, rief eine Bewegung ins Leben, die auf einen bewaffneten »Kreuzzug« zur Befreiung des Heiligen Landes und Jerusalems drängte und von fanatischen Predigern angestachelt wurde. 1096 zog ein größeres Ritterheer unter dem Kommando des Franzosen Gottfried von Bouillon zu Land oder zur See in das Heilige Land. 1099 wurde Jerusalem erobert; die Kreuzritter richteten ein furchtbares Blutbad unter den nichtchristlichen Bewohnern der Stadt an. Sechs weitere Kreuzzüge, an denen sich auch deutsche Kaiser beteiligten, wurden in den folgenden 150 Jahren unternommen. Die Staaten und Burgen der Kreuzfahrer im Heiligen Land konnten sich aber gegen den Widerstand der islamischen Umwelt nicht halten. Die Begegnung der westlichen Welt mit der faszinierenden orientalischen Kultur und Kunst sowie mit der auf vielen Gebieten überlegenen Wissenschaft der islamischen Völker war von großer Bedeutung für die Weiterentwicklung des europäischen Denkens.

11 Dem Drachen wird das Maul zugebunden

Der hl. Silvester war Bischof von Rom zur Zeit Kaiser Konstantins, der 313 die christliche Religion tolerierte. An seine Beziehungen zum Kaiser knüpfen sich manche Legenden. Konstantin hatte den Bau einer großen Kirche über dem Grab des Apostels Petrus befohlen und selber den ersten Spatenstich getan.

Post aliquos dies
idolorum pontifices ad imperatorem venerunt
dicentes: »Sacratissime imperator,
ille draco,
5 qui est in fovea,
postquam tu fidem Christi recepisti,
plus quam trecentos homines
quotidie interficit flatu suo.«
Consulente super hoc Konstantino Silvestrum
10 ille respondit:
»Ego per Christi virtutem
eum ab omni cessare laesione faciam.«
Orante autem Silvestro
Sanctus Spiritus ei apparuit dicens:
15 »Securus ad draconem descende!
Cumque ad eum veneris, eum taliter alloquaris:
›Dominus noster Iesus Christus hic venturus est
iudicare vivos et mortuos.
Tu ergo, Satana, eum in hac fovea,
20 dum venerit,
exspecta!‹«
Descendit itaque Silvester cum duobus presbyteris
in foveam per gradus CL
duas secum ferens laternas.
25 Tunc draconi praedicta verba dixit
et os ipsius stridentis et sibilantis alligavit.
Et ascendens invenit duos magos,
qui eos secuti fuerant, ut viderent,
si usque ad draconem descenderent,
30 ex draconis foetore paene mortuos.
Etiam eos secum duxit incolumes.

Vokabelhilfen:

īdōlum: Götzenbild
sacrātus: geheiligt
dracō, ōnis *m.*: Drache
fovea: Höhle
fidēs, fideī *f.*: Treue, Vertrauen; Glaube
recipere, iō, cēpī, ceptum: annehmen; empfangen
quotīdiē = cottīdiē *Adv.*: täglich
interficere, iō, fēcī, fectum: töten
flātus, ūs *m.*: Hauch
virtūs: *hier:* Kraft
cessāre: aufhören
laesiō, iōnis *f.*: Schaden, Übeltat
facere + *A. c. i.*: *hier:* dafür sorgen, dass
Sānctus Spīritus: der Heilige Geist
appārēre: erscheinen
sēcūrus: sorglos, unbekümmert
tāliter *Adv.*: folgendermaßen
alloquī, or, locūtus sum: anreden
ergō *Adv.*: also
Satanās, *Vok.*: Satana: Satan
presbyter, terī *m.*: *christl.* Priester
gradus, ūs *m.*: Schritt, Stufe
laterna: Laterne
praedīcere, dīxī, dictum: vorhersagen
ōs, ōris *n.*: Mund; Maul; Schnabel
strīdere: knurren
sībilāre: zischen
alligāre: zubinden
magus: »Magier«, Zauberer
secūtī fuerant = secūtī erant
foetor: Gestank
incolumis, e: unversehrt

1 *Vor der Übersetzung*: Gliedere den Text. Achte dabei auf die Reden.

2 Für wen steht der Drache? Belege aus dem Text.

3 Wie werden christliche, wie werden nichtchristliche Priester bezeichnet?

4 Auf welches Verhältnis zwischen Kaiser und Bischof lässt die Legende schließen? Vergleiche mit dem Informationstext.

5 Warum wird der Kaiser hier mit »*sacratissime*« angeredet? Lies hierzu auch den Informationstext.

Konstantin

Kaiser Konstantin (gest. 337) verdiente sich den Beinamen »der Große« unter anderem durch eine Entscheidung von weltgeschichtlicher Bedeutung: Er erklärte 313 die christliche Religion als gleichberechtigt neben den anderen Kulten im Römischen Reich. Aus seiner Duldung des Christentums entwickelte sich im Laufe seiner langen Regierungszeit eine planvolle Begünstigung der gut organisierten Kirche. In ihr sah er eine weitaus stärkere Stütze der Reichseinheit als bei den alten »heidnischen« Göttern, an die kaum noch jemand glaubte.

Als erfahrener Staatsmann ging er das Neue vorsichtig an: Die christlichen Priester und Bischöfe erhielten dieselben Vorrechte wie die Priester der alten Staatsreligion; die heidnische Feier des Kaisers als *Sol invictus* wurde geschickt in den christlichen »Tag des Herrn«, jetzt *Sonn*tag, integriert. Der alte Kaiserkult, den die Christen aus Glaubensgründen verweigert hatten, wurde nicht abrupt abgeschafft, sondern Konstantin verstand es der weiterhin »geheiligten« Person des Kaisers andere Attribute zuzuweisen, an denen Christen keinen Anstoß nehmen konnten: Sein Hof war jetzt ein *sacrum palatium*, sein Kronrat ein *sacrum consistorium*.

Ob Konstantin selber gläubiger Christ gewesen ist, ist umstritten. Er ließ sich erst auf dem Sterbebett 337 taufen. Die Legende, die der mittelalterliche Erzähler 900 Jahre später berichtet, ist bei aller Fantastik vielleicht nicht ohne tiefere historische Wahrheit. Der Römer Konstantin vertraut auf den Christen Silvester, weil dieser offensichtlich über die besseren himmlischen Verbindungen verfügt.

Abb. 7: Konstantinsbogen am Forum Romanum, Rom.

12 Nikolaus zweigt Getreide ab

Der hl. Nikolaus war Bischof in Myra, einer Hafenstadt in Kleinasien. Einmal brach eine große Hungersnot im Land aus.

Audiens autem vir Dei
naves onustas tritico portui applicasse
illuc statim proficiscitur rogans nautas,
ut saltem in centum modiis per quamlibet navem
5 fame periclitantibus subvenirent.

Cui illi: »Non audemus, pater.
Quia mensuratum est Alexandriae,
oportet in horrea imperatoris nos reddere.«

Quibus Sanctus dixit:
10 »Facite nunc, quod dico,
et vobis in Dei virtute promitto,
quod nullam minorationem habebitis
apud regium exactorem.«
Quod cum fecissent
15 et eandem mensuram,
quam Alexandriae acceperant,
reddidissent ministris imperatoris,
miraculum referunt
et Deum in suo famulo magnifica laude attollunt.
20 Frumentum autem
secundum uniuscuiusque indigentiam
vir Dei distribuit, ita,
ut miraculose duobus annis
non tantum ad victum sufficeret,
25 sed etiam ad usum seminis abundaret.

onustus: beladen
trīticum: Weizen
portus, ūs *m.*: Hafen
applicāre: anlegen;
applicāsse = applicāvisse
illūc *Adv.*: dorthin
profīcīscī, or, profectus sum:
aufbrechen
rogāre: bitten
nauta *m.*: Seemann
saltem *Adv.*: wenigstens
in centum modiīs per quamlibet
nāvem: mit jeweils 100 Scheffel
pro Schiff
famēs, is *f.*: Hunger
perīclitārī: leiden
subvenīre: helfen; unterstützen
mēnsūrātus: (genau) abgemessen
Alexandrīa: Hafenstadt in Ägypten
Alexandrīae: *vgl. Informationstext*
oportet: es ist notwendig
horreum: Speicher
reddere: *hier*: abliefern
virtūs: *hier*: Kraft
minōrātiō, iōnis *f.*: Verringerung
rēgius: königlich
exāctor: Verwalter
mēnsūra: Maß; *hier*: Menge
mīrāculum: Wunder
māgnificus: großartig
laus, laudis *f.*: Lob
attollere: preisen
secundum + *Akk.*: gemäß, nach
ūnusquisque: jeder Einzelne
indigentia: Bedarf
distribuere: verteilen
mīrāculōsē *Adv.*: auf wunderbare
Weise
vīctus, ūs *m.*: Lebensunterhalt
sufficere: ausreichen
ūsus, ūs *m.*: Gebrauch; Nutzen
sēmen, sēminis *n.*: Samen; Aussaat
abundāre: reichlich vorhanden
sein

1 Worin besteht das Wunder? Beschreibe die einzelnen Stufen.

2 Suche nach einer vergleichbaren Geschichte im Neuen Testament.

3 Wie charakterisiert diese Geschichte den Bischof von Myra?

4 Wie erklärt es sich, dass der hl. Nikolaus zu unserem Weihnachtsmann (amerikanisch: *Santa Claus*) geworden ist?

Abb. 8: In manchen Familien kommt am 6. Dezember der »Nikolaus« als Bischof zu den Kindern.

Zur **Ortsangabe** auf die Frage »Wo?« steht bei Städten und kleineren Inseln

im Singular der a- und o-Deklination:	die Endung des Genitiv Singular	Alexandrīae: in Alexandria Corinthī (Corinthus, ī f.: Korinth): in Korinth
im Plural der a- und o-Deklination und in anderen Deklinationen:	der Ablativ	Carthāgine (Carthāgō, ginis f.): in Karthago Athēnīs (Athēnae, ārum f.): in Athen

13 Vorlesung zu Wasser und in der Luft

Der König von Frankreich hatte sich über den großen Theologen Petrus Abaelardus an der Pariser Universität geärgert.

Et prohibuit ei,
ne de cetero legeret in terra sua.
Ipse vero ascendit super arborem prominentem
prope civitatem Parisiensem
5 et omnes scolares Parisienses secuti sunt eum
audientes sub arbore magistri sui lectiones.
Cum autem rex de palacio suo videret
multitudinem scolarium sub arbore residentium,
quaesivit, quid hoc esset;
10 et dictum est ei, quod clerici erant,
qui magistrum Petrum audiebant.
Ille vero valde iratus
fecit magistrum ad se venire et dixit ei:
»Quomodo ita audax fuisti,
15 quod contra prohibicionem meam
in terra mea legisti?«
Cui ille: »Domine, non legi
post prohibicionem vestram in terra vestra;
verumtamen legi in aere.«
20 Tunc rex inhibuit ei,
ne in terra sua vel in aere suo legeret.
At ille intravit in naviculam
et de navicula docebat turbas discipulorum.

de cētero: in Zukunft
prōminēns, ntis: herausragend
Parīsiēnsis, e: von Paris
Parīsiēnsēs, ium: die Pariser
scolāris, is *m.*: Student
lēctiō, iōnis *f.*: Vorlesung
palācium: Palast
resīdēre: sitzen

clēricus: Geistlicher,
Theologiestudent

īrāscī, or, īrātus sum: zürnen
facere + *A. c. i.: hier* = iubēre
quōmodo: wie? wieso?
prohibiciō, iōnis *f.*: Verbot

vērumtamen *Adv.*: vielmehr
āēr, āeris *m.*: Luft
inhibēre: verbieten

nāvicula: Boot
turba: Schar
discipulus: Schüler

Als der König auch dahinter kam, ließ er ihn erneut zu sich rufen:

»Nonne tibi inhibueram,
25 ne legeres in terra mea vel in aere?«
Et illo respondente:
»Nec in terra tua nec in aere legi, sed in aqua tua«,
rex subridens et in mansuetudinem iram convertens
ait: »Vicisti me: de cetero, ubicumque volueris
30 tam in terra mea quam in aere vel in aqua lege!«

subrīdēre: lächeln, schmunzeln
mānsuētūdō, dinis *f.*: Sanftmut
ubicumque: wo auch immer

1 Lies den Text und gliedere ihn: Gebote des Königs – Reaktionen Abaelards – Reaktionen der Studenten.

2 Informiere dich über Petrus Abaelardus.

3 Warum kamen wohl so viele Studenten zu Petrus Abaelardus?

Abb. 9: Ein Gelehrter vor seinem Auditorium. Relief am Grabmal des Cino de' Sinibaldi im Dom zu Pistoia.

14 Franziskus predigt den Vögeln

Bei seinen Wanderungen durch Italien kam Franziskus von Assisi mit seinen Anhängern einmal an einer Wiese vorbei, auf der ein großer Schwarm von Vögeln verschiedener Arten versammelt war. Franziskus lief auf die Vögel zu.

Cum autem satis prope iam esset videns,
quod eum praestolarentur,
ipsas salutavit.
Sed admirans non modicum,
5 quomodo aves non surrexissent in fugam,
uti facere solent,
ingenti repletus gaudio
humiliter deprecatus est eas,
ut verbum Dei deberent audire.

10 Dixit: »Fratres mei, volucres,
multum debetis laudare creatorem vestrum
et ipsum diligere semper,
qui dedit vobis plumas ad induendum,
pennas ad volandum
15 et quidquid necesse fuit vobis.
Nobiles vos fecit Deus inter creaturas suas
et in puritate aeris vobis contulit mansionem,
quoniam,
cum neque seminetis, neque metatis,
20 *ipse nihilominus sine omni vestra sollicitudine*
vos protegit et gubernat.«

Ad haec aviculae illae,
ut ipse dicebat et qui cum eo fuerant fratres,
miro modo secundum naturam suam
25 exsultantes coeperunt extendere collum,
protendere alas, aperire os et in illum respicere.
Benedixit denique ipsis
et signo crucis facto licentiam tribuit,
ut ad locum alium transvolarent.

satis prope: ziemlich nahe
praestōlārī: erwarten

admīrārī, or, admīrātus sum: sich wundern, bewundern
modicus: mäßig; wenig
quōmodo: *hier*: dass
avis, is *f.*: Vogel
utī = ut
replētus: erfüllt
humilis, e: *hier*: demütig
dēprēcārī: bitten
volucer, cris, cre: geflügelt; Vogel
creātor: Schöpfer
dīligere, dīlēxī, dīlēctum: lieben
plūma: (Flaum)feder
penna: (Schwung)feder
volāre: fliegen

creātūra: Geschöpf; Schöpfung
pūritās, tātis *f.*: Reinheit
āēr, āeris *m.*: Luft
mānsiō, iōnis *f.*: Behausung
quoniam: da; da ja
sēmināre: säen
metere: ernten
nihilōminus *Adv.*: trotzdem
sollicitūdō, dinis *f.*: Bemühung, Sorge
prōtegere, tēxī, tēctum: schützen
gubernāre: lenken
vgl. Matthäus 6,26
avicula: Vögelchen
mīrus: wunderbar
exsultāre: sich freuen
extendere: ausstrecken
collum: Hals
prōtendere: ausbreiten
āla: Flügel
respicere in: anblicken
benedīcere + *Dat.*: segnen
licentia: Erlaubnis
trānsvolāre: weiterfliegen

1 Lies den Informationstext: Welche der darin dargestellten Eigenschaften des Franziskus erkennst du in dem lateinischen Text wieder?

2 Warum sind die Vögel nach Franziskus' Meinung bevorzugte Lebewesen?

3 Welche Einstellung des Franziskus zu den Lebewesen geht aus dem lateinischen Text hervor? Zitiere auch lateinisch.

4 Scheint dir ein wie im lateinischen Text geschildertes Verhältnis zwischen Mensch und Tier möglich?

Franziskus von Assisi gehört nicht zu solchen Heiligen, deren Leben im Nebel der Legenden unkenntlich geworden ist. Sein Wirken ist gut dokumentiert; der von ihm gegründete und nach ihm benannte Orden ist noch heute groß und angesehen. Er predigte Vögeln das Evangelium und glaubte, dass sie ihn verstünden. Wenn man ihn einen Narren nannte, empfand er das nicht als Kränkung; er selber nannte sich einen »Narren Gottes«. Wie viele andere, die das Evangelium wörtlich nahmen und befolgten, geriet er in starken Gegensatz zum Denken seiner Mitmenschen und zum Geist seiner Zeit.

Geboren 1182 als Sohn eines reichen Tuchfabrikanten und Kaufmanns in Assisi erlebte er, durch Ort und Familie begünstigt, die Vorboten jenes wirtschaftlichen Wandels in Oberitalien, der zu Beginn der Neuzeit eine große Rolle spielen sollte: Geld war nicht mehr nur ein Tauschmittel, sondern eine Ware eigener Art, die man anhäufen, in Banken speichern und auch als Machtmittel einsetzen konnte. Bankiers, wie die Medici in Florenz, konnten zu Stadtfürsten aufsteigen, sogar Päpste stellen. Der im Spätmittelalter in Oberitalien angehäufte Reichtum ermöglichte Bauten und Kunstschätze, die heute einen Großteil des so genannten Weltkulturerbes darstellen.

Der tägliche Umgang mit Geld gehörte auch zum Kaufmannshandwerk, das Franziskus in der Firma seines Vaters erlernt hatte. Am Geld jedoch entzündete sich seine »Umkehr« (griech.: *metánoia*), seine Abkehr von der bisherigen Lebensform; denn Jesus hatte den Aposteln befohlen kein Geld anzurühren, nicht einmal Schuhe und Wanderstab zu besitzen (Matthäus 10,10). Auch Franziskus unterwarf sich jetzt dem Gebot der vollkommenen Armut ohne Sorge um Nahrung und Einkommen – getreu dem Beispiel der Vögel des Himmels, die er in seiner Predigt als Brüder anredete.

Als er das Geld seines Vaters an die Armen zu verteilen begann, kam es zu jener von Legendenerzählern und Malern ausgeschmückten Szene im Gerichtssaal des Bischofs, vor dem ihn sein Vater verklagt hatte. Franziskus entledigte sich vor dem Vater seiner Habe und der Kleidung, die er am Körper trug, sodass der Bischof mit seinem Mantel seine Blöße bedecken musste. Nichts sollte ihn mehr mit dem Vater, der Familie und mit der Welt verbinden, in der er bisher gelebt hatte.

Seine Lebensweise der radikalen Armut fand gleich gesinnte Anhänger. Eine kleine Kapelle vor den Toren Assisis diente der Bruderschaft als erstes Zentrum. Heute steht sie wie eine Reliquie in der Mitte einer großen und prächtigen Kirchenhalle, die über ihr erbaut wurde. Franziskus selber hätte den Aufwand nicht gebilligt, denn die Regel des neuen Ordens, die vom Papst genehmigt wurde, schrieb vollkommene Armut vor für den einzelnen Mönch wie für den gesamten Orden der *fratres minores*, der »minderen Brüder«, wie sich die Franziskaner noch heute bescheiden nennen.

15 Wer bekommt das beste Stück?

Zwei Lombarden reisten zusammen mit einem Deutschen. Als sie gegen Abend kurz vor einer Stadt waren, sagten sie zu dem Deutschen: »Geh du vor und lasse uns in der Herberge ein gutes Mahl bereiten, denn ihr Deutschen esst gern gut und du verstehst mehr davon als wir.«

Praecessit Theutunicus
et fecit parare unam bonam anguillam.

praecēdere, cessī: vorgehen
Theutunicus: deutsch; der Deutsche
facere + A. c. i.: *hier* = iubēre
anguilla: Aal

Quando illi applicuerunt ad hospicium,
venit Theutunicus ad fenestram et dixit:

quandō: *hier*: als
applicāre, applicuī: ankommen
hospicium: Gasthof
fenestra: Fenster

5 »Nos optime habemus ad comedendum,
scilicet bonam anguillam.«
Dixerunt: »Bene stat, fac eam bene parare.«

comedere: essen

parāre: *statt* parārī

Dann überlegten sich die beiden, wie sie den Deutschen hereinlegen könnten, damit sie das Mittelstück bekämen, was das Beste am Aal ist.

Cum igitur portata est
anguilla optime preparata,
10 dixerunt Theutunico:
»Ex quo incepisti facere, dividas eam.«
Divisitque eam in tria frusta,
scilicet in caput, medium et caudam.
Dixit autem unus Lombardus:
15 »Domine, non detis mihi caput,
quia semel comedendo caput anguillae
os eius stabat
in transversum in gutture meo ita,
ut vix poteram respirare.«
20 Et alius dixit: »Nec mihi detis caudam,
quia semel,
dum comedi caudam non bene coctam,
febricitavi.«
Tunc Theutunicus advertens,
25 quod eum decipere vellent, dixit uni:
»Tu non comedis caudam?«

prēparāre = praeparāre: zubereiten

ex quō: da
dīvidere, dīvīsī, dīvīsum: teilen; zerlegen
frūstum: Stück
cauda: Schwanz

semel *Adv.*: einmal; einst
os, ossis *n.*: Knochen; Gräte
in trānsversum: quer
guttur, gutturis *n.*: Kehle
poteram: *statt* possem
respīrāre: atmen

coctus: gekocht
febricitāre: Fieber bekommen
advertere: merken, mitbekommen
dēcipere, iō, cēpī, ceptum: täuschen, hereinlegen

Ille iuravit: »Certe!« –
»Nec tu caput?« Et ille siquidem.   siquidem *Adv.*: allerdings = »richtig!«
Tum dixit:
30 »Iste, qui non comedit caudam, capiat caput
et ille, qui non comedit caput, accipiat caudam.
Et ego simplex Theutunicus   simplex, simplicis: einfach, dumm
tenebo pro me medium anguillae.«

1 Wie kommt es, dass deutsche und italienische Scholaren sich auf der Reise mühelos verständigen können?

2 Wo liegt der Fehler in der Argumentation der Lombarden, den der Deutsche zu seinem Vorteil nutzt?

Abb. 10: Albertus Magnus (1193 oder 1206–1280) mit seinem Schüler Thomas von Aquin. Der Maler des Bildes ist unbekannt. Kirche St. Ludwig in Speyer. Albertus war einer der ganz großen theologischen Lehrer des Mittelalters und einer der ersten großen mittelalterlichen Naturwissenschaftler.

16 Der Teufel macht Hausaufgaben

Ein Schüler saß einmal traurig da, weil er seine Hausaufgaben nicht lösen konnte.

Soli sic sedenti diabolus in specie hominis apparuit.
Cui cum diceret: »Quid doles, puer?«, respondit:
»Magistrum meum timeo,
quia de themate, quod ab eo recepi,
5 versus componere nequeo.«

Et ille: »Visne mihi facere hominium?
Et ego versus tibi componam.«
Puer ad malum suum respondit: »Etiam, domine,
paratus sum facere, quidquid iusseris,
10 dummodo versus habeam.«
Nesciebat enim, quis esset.

diabolus: Teufel
speciēs, speciēī *f.*: Gestalt, Aussehen
thēma, thēmatis *n.*: Stoff, Aufgabe
versus, ūs *m.*: Vers
compōnere: *hier*: verfassen, dichten
nequīre, nequeō (*wie* īre): nicht können
facere hominium: gehorsam sein, dienen als Lehnsmann
etiam: *hier*: ja!

dummodo + *Konj.*: sofern nur, wenn nur

Nachdem der Schüler dem Unbekannten die Hände gereicht und sich zum Dienst verpflichtet hatte, diktierte dieser ihm die verlangten Verse.

Quos cum magistro redderet,
ille versuum excellentiam miratus expavit,
divinam non hominis in illis considerans scientiam.

15 Qui ait: »Quis tibi dictavit hos versus?«
Dicente puero: »Ego, magister«
et dum ille omnino non crederet,
immo puerum diligentius instaret,
confessus est puer omnia.
20 Tunc ait magister:

excellentia: Vortrefflichkeit
mīrārī, or, mīrātus sum: bewundern
expavēscere, expāvī: erschrecken
cōnsīderāre: betrachten, *hier*: erkennen
scientia: Weisheit, Können
dictāre: diktieren
dum: *hier* = cum
crēdere, crēdidī, crēditum: glauben
immō *Adv.*: vielmehr
dīligēns, ntis: genau, sorgfältig
cōnfitērī, eor, fessus sum: bekennen; gestehen
versificātor: Verseschmied

»Fili, malus ille versificator fuit, scilicet diabolus.«
Et adiecit:
»Poenitet te seductori hominum hominium fecisse?«
Respondente puero: »Etiam, magister«
25 ille superpellicii eius manicas abscidens
diabolo iactavit dicens:

adicere, iō, iēcī, iectum: hinzufügen
poenitet tē: reut es dich, bereust du
sēductor: Verführer
superpellicium: Mantel, Chorrock
manica: Ärmel
abscīdere: abschneiden

»Hae manicae tuae sunt, seductor hominum,
nil aliud in hac Dei creatura possidebis!«
Statimque raptae sunt manicae coram omnibus
30 et fulminatae sunt, corpore pueri incorrupto.

nil = nihil
creātūra: Geschöpf
possidēre, eō, sēdī, sessum: besitzen
fulminātus: vom Blitz verbrannt
incorruptus: unversehrt

1 Gliedere den Text und gib jedem Abschnitt eine deutsche Überschrift.

2 Welche Personen sind beteiligt?

3 Wie versucht der Teufel die Seele des Jungen zu gewinnen? Wie wird sie ihm wieder entrissen?

4 Welche Lehre will die Geschichte dem Leser oder Hörer geben?

Abb. 11: Teufelsdarstellung an der Fassade der Kirche Notre Dame, Paris.

17 Mummart hat mich gebissen

Auf einer Burg an der Mosel stand in der Kapelle eine Marienfigur mit dem Jesuskind auf dem Schoß. – Die Burgherrin hatte eine dreijährige Tochter.

Tempore quodam, cum filia in area luderet,
lupus ludentem illam per gulam rapuit
et silvas vicinas petivit.
Quem aliqui cum clamore insecuti
5 sine ereptione puellulae tristes sunt reversi.

Ex quibus unus in castrum cucurrit
et matri in mensa sedenti
raptum filiae nuncians ait:
»Domina, lupus comedit filiam vestram.«
10 Illa surrexit
et in multa cordis amaritudine capellam intrans
imaginem salvatoris de sinu matris evulsit
et in haec verba proripuit:

»Domina, numquam rehabebitis puerum vestrum,
15 nisi mihi incolumem restituatis puerum meum.«
Mira humilitas reginae coeli!
Lupo protinus imperavit et ille puellam dimisit.
Insecuti plures de villa lupi vestigia
iuxta quoddam frutectum
20 illam deambulantem repererunt.
Cui cum dicerent: »Unde venis, bona filia?«
respondit illa: »Mummart momordit me!«
Vestigia enim dentium lupi in gutture eius
apparuerunt.
25 Tunc filiam ad matrem ducentes,
mox, ut illam sanam vidit,
illa ad imaginem sacram cucurrit
et puerum sinui eius restituens ait:
»Quia restituisti mihi filiam meam,
30 en tibi restituo filium tuum.«

---

filia: Tochter
area: Burghof
gula: Kehle

insequī, or, secūtus sum: verfolgen
ēreptiō, iōnis f.: Entreißen, Rettung
puellula: kleines Mädchen
tristis, e: traurig
revertī, revertor, Perf.: revertī oder reversus sum: zurückkehren
castrum: Burg
in mēnsā: zu Tisch
raptus, ūs m.: Raub
nūnciāre = nūntiāre
comedere, ēdī: fressen
amāritūdō, dinis f.: Bitterkeit
capella: Kapelle
imāgō, ginis f.: Bild, Figur
salvātor: Erlöser, Jesus
sinus, ūs m.: Schoß
ēvellere, vulsī: entreißen
prōripere, ripuī: hier: ausbrechen
rehabēre: wiederbekommen
puer: hier: Kind
humilitās, tātis f.: Demut
coelum = caelum
prōtinus Adv.: sogleich
vestīgium: Spur
frutectum: Gebüsch
deambulāre: herumlaufen
reperīre, iō, rep(p)erī, repertum: finden
Mummart: ein Name des Wolfs
mordēre, momordī: beißen
guttur, ris n.: Kehle

en!: da!

1 Welche Einzelheiten der Geschichte erscheinen dir »märchenhaft«?

2 Wie müsste das Vorgehen der Mutter eigentlich beurteilt werden? Womit entschuldigt es der Erzähler? Zitiere lateinisch.

3 Was will der Erzähler mit dem Ausruf *Mira humilitas reginae coeli!* sagen?

Abb. 12: Maria mit dem Jesuskind.

18 Der Teufel stiehlt ein Wagenrad

De sancto Theobaldo notum est, quod,
cum quidam homines valde feroces
inter se guerram haberent,
missum est pro viro sancto,
5 ut ad diem,
quo tractandum erat de pace, veniret.
Cumque senex et debilis esset,
fecit sibi preparari quadrigam.

Sed cum transiret per fluvium, dyabolus,
10 ut eius iter impediret,
unam rotam de quadriga tulit
et in fluvium proiecit.
Cui sanctus imperavit,
ut locum rotae et officium suppleret.
15 Qui contradicere non audens
arrepto axe coepit officium rotae exercere.

Dum autem cum una rota
ad locum colloquii veniret,
ubi multitudo maxima convenerat,
20 nec iam ullam spem haberent de pace,
attendentes quadrigam
cum una rota procedentem
et dyabolum non videntes
tanto miraculo commoti et perterriti
25 statim fecerunt omnem voluntatem viri sancti.
Et ita dyabolus,
unde negocium pacis impedire putavit,
contra voluntatem suam promovit;
et incidit in foveam, quam fecit.

Theobaldus: *ein Einsiedler in Campanien*
nōtus: bekannt
ferōx, cis: wild
guerra: Krieg
mittere prō: *hier*: schicken zu
tractāre: verhandeln
senex, senis *m.*: alter Mann; alt
dēbilis, e: schwach
facere: *hier* = iubēre
pr(a)eparāre: bereitstellen
quadrīga: (einachsiger) Reisewagen
fluvius: Fluss
dyabolus: Teufel
rota: Rad
prōicere, iō, iēcī, iectum: werfen

supplēre: übernehmen; leisten

contrādīcere: widersprechen
arripere, iō, ripuī, reptum: ergreifen
axis, is *m.*: Achse
dum = cum

attendere: erblicken
prōcēdere, cessī, cessum: vorrücken, fahren
mīrāculum: Wunder
perterritus: höchst erschrocken

negōcium = negōtium: Geschäft, Verhandlung
prōmovēre, eō, mōvī, mōtum: vorwärts bringen, fördern
incidere, incidī: hineinfallen
fovea: Grube

---

1 Verwandle diese Geschichte in eine moderne. Denke dir einen Streitfall irgendwo auf der Erde aus; erfinde eine Person, die wie der hl. Theobaldus auftritt, einen »*dyabolus*« …

2 (a) Erläutere den Aufbau des Satzes Zeile 17–25. – (b)Welche syntaktischen Mittel wendet der Erzähler an? Welche Wirkung erzielt er damit?

19 Nachtlager um jeden Preis

Audivi de quodam:
Qui cum quadam die venisset Carnotum
nec posset invenire,
qui eum in hospicio reciperet,
5 eo quod more ribaldorum fere nudus esset,
tandem imminente nocte
venit ad domum prepositi civitatis et dixit
quod vellet hospitari apud ipsum.
Cumque ille nullo modo vellet
10 eum in hospicio recipere, dixit preposito:
»Velis nolis
hac nocte michi commodabis hospicium«
et elevato pugno
fortiter in facie percussit prepositum.

15 At ille cepit clamare et precipere servis suis,
ut in carcere ponerent eum.
Et ille cepit improperare preposito et dicere:
»Ecce hac nocte non carebo hospicio.«
Ecce fatuus iste maluit pugno percutere
20 quam sub divo una nocte facere.

Carnōtum: Chartres
hospicium: Herberge, Übernachtung
eō quod: weil
ribaldus: Landstreicher
nūdus: nackt, wenig bekleidet

prēpositus: Bürgermeister
hospitārī: übernachten, einkehren

velīs nōlīs: ob du willst oder nicht
michi = mihi
commodāre: gewähren
ēlevāre: erheben
pūgnus: Faust
percutere, iō, cussī, cussum: schlagen
cēpit = coepit
prēcipere = praecipere: befehlen
carcer, ris *m.*: Kerker
improperāre + *Dat.*: schimpfen auf, verhöhnen
carēre + *Abl.*: entbehren
fatuus: dumm
sub dīvō: unter freiem Himmel

1 Erstelle ein Satzbild des 1. Satzes, Zeile 2–8.

2 Warum leitet der Erzähler die Geschichte ein mit *audivi de quodam*?

3 Suche passende deutsche Übersetzungen für *Ecce*, Zeile 18, und für *facere*, Zeile 20.

20 Drei Ziele, drei Lebensläufe

Tres adolescentes,
cum causa studendi venirent Parisius,
ceperunt in via mutuo se quaerere,
quale propositum haberent
5 et ad quid tenderet unusquisque eorum.
Uno autem respondente:
»Volo laborare et studere,
ut sim magister Parisiensis.«
Alio vero dicente:
10 »Et ego volo litteris imbui,
ut postmodum sim
monachus Cysterciensis ordinis.«
Tercio dicente:
»Durum est tantos labores sustinere,
15 volo esse organizator, hystrio et ioculator.«

Accidit unicuique prout in corde suo destinavit.

Primus fuit de summis magistris in artibus;
alius factus est non solum monachus,
sed de magnis abbatibus Cysterciensis ordinis;
20 tercius dyabolo cooperante factus est
scurra vagus, ioculator et organizator,
alienis mensis impudenter se ingerens
et laborare renuens,
reddente unicuique secundum opera sua
25 Domino nostro.

---

adolēscentēs = adulēscentēs
causā studendī = studendī causā
Parīsius: Paris; nach Paris
cēpērunt = coepērunt
mūtuus (*Adv.*: mūtuō): gegenseitig
prōpositum: Vorsatz, Studienziel
ūnusquisque: jeder Einzelne

Parīsiēnsis, e: von Paris

imbuī + *Abl.*: sich befassen mit
postmodum *Adv.*: danach
monachus: Mönch
Cysterciēnsis, e: der Zisterzienser
terciō = tertiō
dūrus: hart; schwer; zu schwer
organizātor: Drehorgelspieler, Bänkelsänger
hystriō, iōnis *m.*: Schauspieler
ioculātor: Spaßmacher
accidere, accidī: geschehen
prout: je nachdem; so wie
dēstināre: beschließen
ars, artis *f.*: Kunst; *Pl.*: die (sieben freien) Künste

abbas, abbatis: Abt
dyabolus: Teufel
cooperāre: zusammenarbeiten, mitarbeiten
scurra *m.*: Possenreißer
vagus: umherziehend, ohne Wohnsitz
impudēns, ntis: schamlos
sē ingerere: sich eindrängen
renuere: sich weigern
vgl. Apokalypse 22,12

---

1 Welche Vorsätze haben die Studenten jeweils? Was wird aus ihren Vorsätzen?
Lege eine Tabelle an nach folgendem Muster:

tres adulescentes	propositum habent	accidit eis
1.		
2.		
3.		

2 Warum fällt der Erzähler wohl ein so schlechtes Urteil über den Dritten?

Die Zisterzienser

Der Scholar, der studierte um Zisterziensermönch zu werden, hatte sein Ziel hoch gesteckt. Der Zisterzienserorden war einer der angesehensten Orden in einer Zeit, in der in vielen anderen Klöstern nicht mehr nach den strengen Regeln der Armut und Askese gelebt wurde, die Benedikt im 6. Jahrhundert gegeben hatte.

In den so genannten »Reformklöstern« regte sich der Widerstand gegen das, was fromme Christen als »Verweltlichung« der Kirche ansahen. So z.B. in Citeaux (lat. *Cistercium*) im französischen Burgund. Um 1118 löste sich Citeaux aus dem Benediktinerorden und gab sich eine eigene Regel, die sich in manchem von der bisher üblichen Lebensform der Mönche unterschied. Strenge Einfachheit wurde nicht nur für das Leben der Mönche vorgeschrieben, auch die Klöster selber verzichteten auf prunkvolle Bauten und Ausstattung der Gotteshäuser. Hohe Kirchtürme fehlten; die Glocke hing in einem kleinen Aufbau auf der Mitte des Kirchendachs. Am »Dachreiter« erkennt man noch heute die Zisterzienserkirche.

Bezeichnend für die Zisterzienser war auch die Gliederung der Mönche in zwei Klassen mit zwei verschiedenen Aufgabenfeldern: Neben theologisch gebildeten Mönchen, die sich ausschließlich dem Gebet und dem Gottesdienst widmeten und die meist aus dem Adel kamen, gab es »Laienbrüder«, Mönche, die ebenfalls im Kloster lebten und für die Arbeit auf dem Acker und in den Handwerkerstuben des Klosters zuständig waren; sie stammten aus dem Volk. Diese »Arbeitsteilung« hatte eine rege wirtschaftliche Tätigkeit der Zisterzienser zur Folge, die sich in damals noch unterentwickelten Gebieten Europas segensreich auswirkte. Kultivierung von unbebautem Land, vorbildliche Viehzucht und Einführung neuer Kulturpflanzen und Obstsorten verdankte man oft den Zisterziensern.

Abb. 13: Sénanque, Zisterzienserkloster aus dem 12. Jh. mit dem typischen Dachreiter. Département Vaucluse, SO-Frankreich.

Lernwortschatz

A

abundāre	reichlich vorhanden sein
ac	und
accēdere, cessī, cessum	herangehen
accidere, accidī	geschehen
adicere, iō, iēcī, iectum	hinzufügen
aditus, ūs	Tür, Zugang
admīrārī, or, admīrātus sum	sich wundern, bewundern
adversārius	Gegner; Feind
aetās, tātis *f.*	Alter
aggredī, ior, aggressus sum	angreifen
agnōscere, agnōvī, agnitum	erkennen; anerkennen
āiō, āit, āiunt, āiēbat	ich sage *u.s.w.*
āiunt	man sagt
āla	Flügel
alloquī, or, locūtus sum	anreden
altus	hoch
animal, lis *n.*	Lebewesen; Tier
appārēre	erscheinen
arripere, iō, ripuī, reptum	ergreifen
ars, artis *f.*	Kunst; *Pl.*: die (sieben freien) Künste
aspicere, iō, spexī, spectum	erblicken
assūmere, sūmpsī, sūmptum	nehmen
auris, is *f.*	Ohr
avis, is *f.*	Vogel

C

callidus	schlau
canis, is *f. oder* canicula	Hund

carcer, ris *m.*	Kerker
carēre + *Abl.*	entbehren
catēna	Kette
cēlāre	verstecken; verbergen
cernere, crēvī	sehen
cervīx, īcis *f.*	Nacken
cessāre	aufhören
citō *Adv.*	schnell
collum	Hals
compellere, pulī, pulsum	zwingen
comprehendere, hendī, hēnsum	packen
concēdere, cessī, cessum	überlassen
cōnfitērī, eor, fessus sum	bekennen; gestehen
cōnsequī, or, cōnsecūtus sum	(ver)folgen; einholen
cōnsīderāre	betrachten
convertere, vertī, versum	verwandeln; wenden
cōram + *Abl.*	angesichts; vor
cornū, ūs *n.*	Horn
corruere, ruī, rutum	stürzen
cottīdiē *Adv.*	täglich
crēdere, crēdidī, crēditum	glauben
crux, crucis *f.*	Kreuz
cumulāre	überhäufen
cursus, ūs *m.*	Lauf

D

dēcipere, iō, cēpī, ceptum	täuschen, hereinlegen
dein = deinde *Adv.*	darauf
dēns, dentis *m.*	Zahn
dēprēcārī	bitten
dēprehendere, hendī, hēnsum	entdecken, ertappen

dēsilīre, siluī	abspringen
dēstināre	beschließen
difficultās, tātis *f.*	Schwierigkeit
dīligēns, ntis	genau, sorg-fältig
dīligere, dīlēxī, dīlēctum	lieben
distribuere	verteilen
dīvidere, dīvīsī, dīvīsum	teilen; zerlegen
dīvīnus	göttlich
dōnec	bis dass
dum	solange wie; solange bis; während
dūrus	hart; schwer; zu schwer

E

ergō *Adv.*	also
ērigere, ērēxī, ērēctum	aufrichten
exitus, ūs *m.*	Ende; Ausgang
explōrāre	erforschen, untersuchen
exquīrere, quīsīvī	fragen
exsultāre	sich freuen

F

faciēs, faciēī *f.*	Gesicht
factum	Tat; Tatsache
famēs, is *f.*	Hunger
famulus	Diener
favor	Gunst; Beifall
ferōx, cis	wild
ferus	wild; Bestie
fidēs, fideī *f.*	Treue, Ver-trauen; Glaube
fīgere, fīxī, fīxum	festmachen, festnageln
fīlia	Tochter
fluvius	Fluss
frōns, frontis *f.*	Stirn
fuga	Flucht

G

gradus, ūs *m.*	Schritt, Stufe
grātiā + *Gen.* (*nachgestellt*)	wegen, um … willen
gravitās, tātis *f.*	Würde
gubernāre	lenken

H

hūc illūc *Adv.*	hierhin und dorthin
humilis, e	demütig, bescheiden

I

iacere, iō, iēcī, iactum	werfen; richten
ictus, ūs *m.*	Hieb
idcircō *Adv.*	deswegen
illūc *Adv.*	dorthin
imāgō, ginis *f.*	Bild, Figur
immānis, e	riesig
immō *Adv.*	vielmehr
impetrāre + *Dat.*	etw. *für jdn.* erlangen
inānis, e	leer, hohl
incidere, incidī	hineinfallen
incolumis, e	unversehrt
indīgnārī, or, indīgnātus sum	sich entrüsten, sich ärgern
induere, uō, uī, dūtum	bekleiden
industria	Fleiß, Bemühung
īnfīnītus	unermesslich
ingredī, ior, gressus sum	hineingehen
īnsequī, or, secūtus sum	verfolgen
īnstāre	bevorstehen; drängen; bedrängen
interficere, iō, fēcī, fectum	töten
interim *Adv.*	inzwischen; vorläufig

īrāscī, or, īrātus sum	zürnen
iūs iūrandum *n.*	Eid
iūxtā + *Akk.*	nahe bei

L

largīrī, ior, largītus sum	schenken
laus, laudis *f.*	Lob
lavārī, or, lautus sum	baden
licentia	Erlaubnis
lupus	Wolf

M

magister, strī	Magister, Lehrer; Herr
māgnificus	großartig
minister, strī *m.*	Diener
mīrārī, or, mīrātus sum	bewundern
mīrus	wunderbar
modicus	mäßig; wenig
morī, morior, mortuus sum	sterben
mulier, eris *f.*	Frau
mūnīre, īvī *u.* iī, ītum	befestigen
mūtuus (*Adv.:* mūtuō)	gegenseitig

N

nauta *m.*	Seemann
necesse	nötig
nequīre, nequeō (*wie* īre)	nicht können
nihilōminus *Adv.*	trotzdem
nōtus	bekannt
nūdus	nackt, wenig bekleidet

O

obligāre	verpflichten; fesseln
obviam *Adv.*	entgegen
onustus	beladen

oportet	es ist notwendig
ōrdō, dinis *m.*	Reihenfolge, Ordnung; religiöser Orden
ōs, ōris *n.*	Mund; Maul; Schnabel

P

pābulum	Futter
partīrī, ior, partītus sum	teilen, zerlegen
pāstor	Hirt
patefacere, iō, fēcī, factum	aufdecken
patet	es ist offenkundig
patī, patior, passus sum	dulden; leiden
patiēns, entis + *Gen.*	fähig *etw.* zu erdulden
paulō *Adv.*	ein wenig
pavor	Furcht
pectus, oris *n.*	Brust
peragere, ēgī, āctum	ausführen; tun
percutere, iō, cussī, cussum	schlagen
perdūcere, dūxī, ductum	veranlassen
persōna	Person
plānus	eben
pontifex, ficis	Priester; Bischof
portus, ūs *m.*	Hafen
possidēre, eō, sēdī, sessum	besitzen
praeceptum	Befehl
praecipere, iō, cēpī, ceptum	vorschreiben, befehlen
praedīcere, dīxī, dictum	vorher sagen
praestāns, ntis	prächtig, hervorragend
precēs, um *f. Pl.*	Bitten
precium = pretium	Preis

prōcēdere, cessī, cessum	vorrücken, fahren	rogāre	bitten
proficīscī, or, profectus sum	aufbrechen	ruere, ruī, rūtum	losrennen, sürzen
prōicere, iō, iēcī, iectum	werfen	**S**	
prōpositum	Vorsatz, Studienziel	saltus, ūs *m.*	Sprung
		sānctus	heilig
proprius	eigen	sānus	gesund, unversehrt
prōspicere, iō, spexī, spectum	erblicken	sapiēns, sapientis	weise
		scientia	Weisheit, Können
prōtegere, tēxī, tēctum	schützen	scīlicet *Adv.*	nämlich
proximus	der Nächste, angrenzend	secundum + *Akk.*	gemäß, nach
		sēcūrus	sorglos, unbekümmert
pulsāre	stoßen; anklopfen	semel *Adv.*	einmal; einst
		sēmen, sēminis *n.*	Samen; Aussaat
Q		senex, senis *m.*	alter Mann; alt
quamdiū	solange wie	sēsē = sē	sich
quantum	so viel (so gut) wie	sīc *Adv.*	so
		sīgnificāre	bedeuten
quārtus	der Vierte	simplex, simplicis	einfach; dumm
quōcumque	wohin auch immer	sinus, ūs *m.*	Schoß
		societās, tātis *f.*	Gesellschaft
quodcumque	was auch immer	solēre	gewohnt sein
		sollicitūdō, dinis *f.*	Bemühung, Sorge
quōmodo	wie? wieso?		
quoniam	da; da ja	sortīrī, sortior, sortītus sum	erlangen
R		speciēs, speciēī *f.*	Gestalt, Aussehen
recipere, iō, cēpī, ceptum	annehmen; empfangen	subvenīre	helfen; unterstützen
rēgius	königlich	super + *Akk.*	über; auf
reliquus	übrig	superbus	übermütig, stolz
reperīre, iō, rep(p)erī, repertum	finden		
requiēs, requiēī *f.*	Ruhe	sustinēre, tinuī, tentum	aushalten
requīrere, requīsīvī, sītum	(auf)suchen	**T**	
respōnsum	Antwort	tālis,e	so beschaffen; solch ein
revertī, revertor, *Perf.*: revertī *oder* reversus sum	zurückkehren		

tam	so
tantum *Adv.*	nur; so viel
temptāre	versuchen; auf die Probe stellen
tendere, tetendī, tentum	spannen
tractāre	verhandeln
tristis, e	traurig
tunc *Adv.*	dann; da
tunc dēmum *Adv.*	dann endlich
turba	Schar
turbāre	verwirren, stören
tūtus	sicher

U

ubicumque	wo auch immer
ultrā *Adv.*	weiter
unde *Adv.*	woher; daher
usquam *Adv.*	irgendwo

ūsus, ūs *m.*	Gebrauch; Nutzen

V

vagus	umherziehend, ohne Wohnsitz
valēre	können; gesund sein
vehī, vehor, vectus sum	transportiert werden; fahren
velut	gleichsam, als ob
vērō *Adv.*	jedoch, aber
versus, ūs *m.*	Vers
vestīgium	Spur
vīctus, ūs *m.*	Lebensunterhalt
vīlis,e	schäbig; billig
vindicāre	erretten; befreien
vix *Adv.*	kaum
volāre	fliegen
volucer, cris, cre	geflügelt; Vogel